NOUVELLE ÉDITION

LE ROI DE LAHORE

OPÉRA EN CINQ ACTES, SIX TABLEAUX

PAR

LOUIS GALLET

MUSIQUE DE

J. MASSENET

UN FRANC

PARIS

CALMANN LÉVY, ÉDITEUR

ANCIENNE MAISON MICHEL LÉVY FRÈRES

RUE AUBER, 3, ET BOULEVARD DES ITALIENS, 15

A LA LIBRAIRIE NOUVELLE

—

1880

LE
ROI DE LAHORE

OPÉRA

Représenté pour la première fois, à Paris, à l'Académie nationale de Musique, le 27 avril 1877.

Les divertissements sont de M. L. MÉRANTE.

———

Les décorations du premier acte (premier tableau) sont de M. DARAN. — Celles du premier acte (second tableau) et celles du cinquième acte, de MM. RUBÉ et CHAPERON. — Celles du deuxième acte de M. CHÉRET. — Celles du troisième acte de M. LAVASTRE. — Celles du quatrième acte de MM. LAVASTRE et CARPEZAT.

———

Les costumes sont dessinés par M. Eugène LACOSTE.

———

S'adresser, pour la mise en scène de l'ouvrage, à M. COLLEUILLE, régisseur de la scène, et à M. G. HARTMANN, éditeur de musique, boulevard de la Madeleine, 19, pour la *partition*, les *parties d'orchestre*, et tout ce qui concerne l'*exécution théâtrale* de cet ouvrage.

Coulommiers. — Typographie PAUL BRODARD.

LE
ROI DE LAHORE

OPÉRA

EN CINQ ACTES, SIX TABLEAUX

PAR

LOUIS GALLET

MUSIQUE DE

J. MASSENET

C · L

PARIS

CALMANN LÉVY, ÉDITEUR

ANCIENNE MAISON MICHEL LÉVY FRÈRES

RUE AUBER, 3, ET BOULEVARD DES ITALIENS, 15

A LA LIBRAIRIE NOUVELLE

—

1879

PARIS, 19, Boul^d du Temple, XIe ARR^t

—◆—◆—◆—

Alphonse LE SIGNE

ÉDITEUR DE MUSIQUE

PERSONNAGES

ALIM, roi de Lahore .... MM. Salomon.
SCINDIA .... Lassalle.
TIMOUR .... Boudouresque.
INDRA .... Menu.
UN CHEF .... Auguez.
SITA .... Mmes J. de Reszké.
KALED, jeune esclave (travesti)............... Fouquet.
RAJAHS de la suite de Scindia : MM. Grisy, Sapin, Mermant,
    Monvaillant, Lorani, Fréret.

Prêtres, Prêtresses, Chefs, Soldats, Danseuses,
    Musiciens, Peuple, etc., etc.

Dans l'Inde, à l'époque de l'invasion du sultan Mahmoud.
— XIe siècle. —

CHANT

Premiers Dessus. — *Coryphée,* Mme Granier.

Mmes Mignot, Lebrun, Lasserre, Prudhomme, Lovendal, H. Bouillard, E. Bouillard, Chéri, Lafitte, Bour-Dauriac, Pierre, Marietti, Lebel.

Seconds dessus.

Mmes Odot, Lourdin, Motteux, Parent, Klemczynski, Guérin, Marchant, Bernardi, Lebrun, Nastorg.

Troisièmes dessus.

Mmes Brousset, Jacquin, Guillaumot, Godard, De Bondé, A. Jaeger, Fagel, Méneray, Laboire.

Quatrièmes dessus. — *Coryphée,* Mme Christian.

Mmes Tissier, Cottignies, Gougenheim, Printemps, Delahaye, E. Jaeger, Piermarini, Ugani.

Premiers ténors. —*Coryphées,* MM. Marty, Hélin.

MM. Desdet, Brégère, Desdet fils, Vignot, Kerkaert, Vasseur, Rousseau, Nagrasse, Moreau, Barrier, Gilbert, Lozier, Mesme, Cléry, Moison.

Seconds ténors. — *Coryphées,* MM. de Sörös, Menjaud.

MM. Blanc, Connesson, Granger, Lesecq, Flajollet, Bonnemye, Brisson, Devisme, D'Haessler, Petitjean, Salviat.

Premières basses. — *Coryphées,* MM. Jolivet, Lafitte.

MM. Margaillan, Lejeune, Schmidt, Legée, Castets, Pons, Egée, Graux, Gaby, Vallé.

Secondes basses. — *Coryphées,* MM. Thuillart, Soyer.

MM. Boussagol, Van-Hoof, Danel, Hourdin, Jeanson, Fleury, Soul'é, Fardé, Garet, Artero, Donnette, Compans, Debroas, Morin.

DIVERTISSEMENTS

ACTE DEUXIÈME.

Douze Jeunes Esclaves du Camp.

Premier Quadrille. — Mlles Gaudin, Testa, Vuthier, Stilb 2°, Méquignon 1re, Fléchelle, Ducosson, Grandjean, Quemin, Keller, Stilb 1re, Dieudonné.

ACTE TROISIÈME.

Les Bienheureux du Paradis d'Indra.

Sujets. — Mlles Righetti, Annette Merante, E. Parent, Faton, Santaville, Pallier, Montaubry, Piron, Robert, Molinar, Lapy, Bussy, Larieux, Mercedes, Bernay, Monchanin, Roumier, Biot.
Coryphées. — Moïse 2°, Englin, Jourdain, Votier, Moïse 1re, Moris, Bourgoin, Grangé, Kahn, Hirsch, Béchade, Gallay, François Desvignes, Biot 2°, Roch, Levy, Elluin, Leroy, Girard.
Quadrilles. — Mlles Gaudin, Testa, Vuthier, Stilb 2°, Méquignon 1re, Fléchelle, Ducosson, Grandjean, Quemin, Keller, Stilb 1re, Dieudonné, Hanin, Chislard, Dubois 1re, Prince 1re, Leppich 3°, Subra, Cartiau, Leppich 1er, Prince 2°, Dubois 2°, Roussel 1re, Pamélar, Sacré, Martin, Méquignon 2°, Sonendal.

ACTE QUATRIÈME.

Douze Musiciens.

MM. Leroy, Marius, Baptiste Perrot, Stilb 1er, Galland, Meunier, Michaux, Vandris, Vasquez, Fournot, Lefèvre.

Vingt-quatre Bayadères.

Coryphées. — Mlles Kahn, Hirsch, Béchade, Gallay, François Desvignes, Biot 2°, Roch, Lévy, Elluin, Leroy, Girard.

Premier quadrille. — Mlles Gaudin, Testa, Vuthier, Stilb 2e, Méquignon 1re, Fléchelle, Ducosson, Grandjean, Quemin, Keller, Stilb 1re, Dieudonné.

Douze Esclaves Persanes.

Premier Quadrille. — Mlles Haniu, Chislard, Dubois 1re, Prince 1re, Leppich 2e, Subra, Cartiau, Leppich 1re, Prince 2e, Roussel, Pamélar.

UTILITÉS. — FIGURATION

ACTE PREMIER. — PREMIER TABLEAU.

Deux Fakirs.

MM. Jules, Vandris.

Cinq Chefs.

MM. Marius, Porcheron, Golland, Dieul, Diany.

DEUXIÈME TABLEAU.

Peuple.

Mmes Meurant, Michaux, Lebreton, Delagneau, Guéroult, Hermet, Malgorne, Lallemand, Drège, Fauvain, Blanc, Jeanne, Marthe, Avenet, Dérosiers, Alice Demey, Mullier, Anaïs, Perrin.

Comparses.

ACTE DEUXIÈME.

Soldats.

MM. Baptiste Perrot, Marius, Gamforin, Porcheron, Barbier, Galland, Roquante, Guillemot, Gabiot, Dieul, Michaux, Meunier, Stilb, Vandris, Bussy, Diany, Vasquez, Elisée, Fournot, Lefèvre, Berger.

ACTE TROISIÈME.

Un Joueur de fille.

Mlle Accolas.

Douze Femmes.

Mmes Michaux, Delagneau, Lallemand, Drège, Fauvain, Blanc, Jeanne, Dérosier, Demey, Mullier, Anaïs, Perrin.

Quatre Jeunes filles.

Mlles Pommerais, Chabot, Deschamps, Vignon.

ACTE QUATRIÈME.

Rajahs.

MM. Poncot, Gamforin, Diany.

Neuf Officiers.

MM. Jules, Hoquante, Guillemot, Porcheron, Gablot, Barbier, Dienl, Élisée, Bussy.

Peuple.

Mmes Meurant, Michaux, Lebreton, Delagneau, Guéroult, Hermet, Malgorne, Lallemand, Drège, Fauvain, Blanc, Jeanne, Marthe, Avenet, Dérosiers, Alice, Demey, Mullier, Anaïs, Perrin.

Comparses.

ACTE CINQUIÈME.

TABLEAU FINAL. — PARADIS.

Mlles Gaudin, Testa, Vuthier, Stilb 2e, Méquignon 1re, Fléchelle, Ducosson, Grandjean, Quemin, Keller, Stilb 1re, Dieudonné, Hanin, Chislard, Dubois 1re, Prince 1re Leppich 2e, Subra, Castiaux, Leppich 1re, Prince 2e, Dubois 2e, Roussel, Pamélar, Sacré, Martin, Méquignon 2e, Vendoni, Salle, Poulain, Sonendal, Sergy, Anat, Lambert, Rossi, Leriche, Marchisio, Mayer.

LE ROI DE LAHORE

ACTE PREMIER

PREMIER TABLEAU

A Lahore, devant le temple d'Indra. — Sur les hauteurs, au loin, les jardins et les édifices de la ville, éclairés par les dernières lueurs du couchant.

Vers les portes du temple, se presse une foule, parmi laquelle passent des prêtres et des serviteurs du temple. — Des gens du peuple prosternés prient, mêlés aux fakirs accroupis sur le seuil.

———

SCÈNE PREMIÈRE

TIMOUR, PRÊTRES, SERVITEURS DU TEMPLE, FOULE NOMBREUSE, puis SCINDIA.

CHŒUR, par groupes.

Sauve-nous, tout-puissant Indra!

Paraît Timour. — Il est aussitôt entouré par la foule inquiète.

Les musulmans bientôt seront devant Lahore,
Ils viennent comme un flot que rien n'arrêtera.

La mort marche avec eux et la flamme dévore
Partout, sur leur chemin, les champs et les cités.

Mahmoud, le sultan redoutable
Mène ces hommes indomptés.

TIMOUR, calme et rassurant.

Si leur approche vous accable,
Si le roi ne les combat pas,
Rassurez-vous. Indra, puissance impérissable,
Nous garde l'appui de son bras.
C'est le Dieu secourable,
Que toute voix l'implore. Il les dispersera
Plus légers que des grains de sable.

LE CHOEUR.

Sauve-nous, tout-puissant Indra !

Sur un geste de Timour, la foule commence à entrer dans le temple.
— Scindia paraît, à ce moment, avec une petite escorte qu'il congédie aussitôt.

SCINDIA, à lui-même, sans voir Timour.

O tortures du doute ! ô sombre jalousie !
C'est la mort ou la vie,
Que tout à l'heure ici mon amour trouvera.

Timour est tout à fait dégagé de la foule. — Scindia l'aperçoit.

Voici Timour, voici le prêtre.

A la vue de Scindia, Timour vient vers lui, tandis que le choeur
achève de pénétrer dans le temple. — Les deux hommes restent
seuls.

SCÈNE II

TIMOUR, SCINDIA.

TIMOUR.

Ministre du roi, notre maître,
Ô Scindia, viens-tu nous annoncer enfin
Du barbare Mahmoud le châtiment prochain ?

SCINDIA.

Non ! J'ai d'autres projets et tu vas les connaître.
Prêtre, je viens chercher la vierge qu'autrefois
Tu reçus dans ce sanctuaire,
Sitâ, la fille de mon frère.

TIMOUR.

Qu'oses-tu demander ?.. Elle appartient aux dieux !

SCINDIA.

Tu vas la relever aujourd'hui de ses vœux !

TIMOUR.

Le roi seul a ce droit.

SCINDIA, impétueusement.

Eh bien, le roi lui-même,
S'il le faut, me rendra Sitâ... Sitâ que j'aime,
Sitâ, que ton pouvoir défend trop mal ici.
Obéis.

TIMOUR, offensé.

Le roi seul peut me parler ainsi.
Retire-toi.

SCINDIA, amèrement.

Faut-il enfin que je le dise,

1.

Prêtre ? On prétend que là, — dans l'ombre de l'autel,
Bravant ta vigilance et le courroux du ciel,
Un homme a pu venir près d'elle, par surprise,
Murmurer, chaque soir, des paroles d'amour.

TIMOUR.

Ah ! si ce n'est point une calomnie,
Si le temple est souillé par la prêtresse impie,
Malheur sur elle !..

SCINDIA, avec passion.

Non !.. je veux croire, Timour !
Je veux croire à son innocence !
Non, son cœur ne peut m'échapper ;
Non, ma plus vivante espérance
Ne saurait ainsi me tromper !

TIMOUR.

Ni sa beauté, ni sa jeunesse
Ne doivent la défendre ici ;
Pour une honteuse faiblesse
Je la frapperais sans merci !

SCINDIA.

Écoute-moi... Le trouble est dans mon âme...
Conduis-moi vers Sitâ... Je l'interrogerai !..

TIMOUR, après un temps.

Tu vas la voir. Tu vas, — seul, — juger cette femme.
A ton premier signal pourtant j'apparaîtrai !

SCINDIA.

Ah ! je l'aimerais mieux cent fois morte qu'infâme !
Si son crime est réel, je te la livrerai.

Après une reprise, Timour et Scindia entrent ensemble dans le temple.

DEUXIÈME TABLEAU

Dans le temple. — Le sanctuaire d'Isis. — Au fond entre les piliers, sur un
autel, la statue du dieu. — Dans un des piliers de l'autel, porte secrète, con-
duisant à une galerie souterraine. — Un gong ou tympan de bronze servant
à appeler les prêtres dans le sanctuaire est pendu sous la colonnade, près
d'une des entrées latérales.

Au lever du rideau, Sitâ est en scène, avec les jeunes filles, ses compagnes.

SCÈNE PREMIÈRE

SITA, JEUNES FILLES, compagnes de Sitâ,
puis SCINDIA.

JEUNES FILLES, autour de Sitâ.

CHOEUR, pendant l'entrée de Scindia.

Ame timide,
Va, ne crains rien.
Il est ton guide
Et ton soutien.
Pourquoi, tremblante,
Chère innocente,
As-tu frémi?
Sois confiante :
C'est un ami.

SCINDIA, venu lentement en scène pendant ce chœur ; doucement
à Sitâ, après l'avoir contemplée un instant avec tendresse.

Approche.

SITA, elle s'approche avec respect et se prosterne.

O Scindia, c'est l'esprit de mon père
Qui te conduit et qui t'éclaire,
Ta présence toujours m'est chère,
Et je m'incline à tes genoux.

LE CHŒUR.

Pourquoi, tremblante,
As-tu frémi ?
Sois confiante,
C'est un ami.

Sur un geste de Scindia, le chœur s'éloigne.

SCÈNE II

SCINDIA, SITA.

SCINDIA.

Sitâ, voici venir une heure fortunée,
Où doit changer enfin ton humble destinée...
Je veux te donner un époux.

SITA, timidement et avec trouble.

Seigneur, ne dois-je pas ici finir ma vie ?

SCINDIA.

Assez longtemps, aux regards de l'envie
Ce temple a dérobé ta naissante beauté!..
Celui qui t'aime, enfant, te rend la liberté!

SITA.

Celui qui m'aime!

SCINDIA.

Viens!..

SITA.

Te suivre!

A part.

O doux mystère,
Vas-tu donc m'être révélé?
Vision fugitive et chère,
Est-ce de toi qu'il m'a parlé?

SCINDIA, de même, l'observant.

D'un gai rayon son front s'éclaire,
Son regard pur m'a rassuré,
Son divin sourire a fait taire
Les doutes qui m'ont torturé.

Haut, avec une extrême tendresse.

Te voilà frissonnante et pourtant radieuse!
Sitâ, tu m'as compris et mon âme est joyeuse;
Près de toi, je le sens, bientôt, j'aurai trouvé
Le repos qui m'est cher et l'amour tant rêvé.

SITA, qui l'a écouté avec stupeur, à part.

Lui!.. c'était lui! grands dieux!

Très-frappée, elle se trouble et chancelle.

SCINDIA.

Viens, chère enfant!

SITA, suppliante.

Arrête!

SCINDIA.

Tu trembles!.. tu pâlis!..

Il la regarde longuement avec défiance, puis il va pour lui prendre
la main.

SITA, avec un vif mouvement de crainte.

Par ce temple sacré,
Par ce Dieu qui me garde en cette humble retraite,
De grâce, laisse-moi !

SCINDIA, qui n'a cessé de l'observer, avec éclat.

Maudite !.. c'est donc vrai !

Sita recule devant le regard terrible de Scindia.

Ton infâme secret on me l'a fait connaître.
Le trouble où je te vois d'ailleurs me l'a livré.
Sous les habits d'un prêtre
Un amant, chaque soir, ici, vient près de toi !

SITA, elle demeure d'abord comme anéantie; puis soudainement.

Avant de m'accabler, ô maître, écoute-moi :

. . . .

C'était le soir d'un jour de fête.
Je priais seule ici. Soudain, j'entends des pas...
Un homme... jeune et fier... devant l'autel s'arrête...
Il me parle, et je tremble en écoutant sa voix.
Je n'ose regarder... puis, sans que je devine
Si cette vision est humaine ou divine,
Il disparaît.

SCINDIA.

Tu l'as revu plus d'une fois !

SITA, naïvement.

Chaque soir, il revient à cette même place,
Il me parle d'amour sans que jamais sa main
Ose effleurer la mienne et... doucement... il passe
En murmurant : Demain !

SCINDIA, à Sita, perfidement.

Et cet homme, ce dieu, cet insensé, peut-être,
Vient-il... à ton appel ?

ACTE PREMIER

SITA.

Quand je chante au pied de l'autel
La prière du soir, je le vois apparaître.

SOINDIA.

Un délire pieux
A pu tromper tes yeux.
Je veux t'en délivrer, te sauver de toi-même
Morte est ta vision, moi je vis et je t'aime!
Viens!

SITA.

Ah! par pitié, laisse-moi!
Pourquoi troubler ainsi ma vie?
J'étais heureuse, hélas! pourquoi
M'ôter le repos que j'envie!
Pourquoi faut-il qu'en un instant
La douceur d'un rêve innocent
Me soit cruellement ravie!

SCINDIA, avec une ardeur et une passion croissantes.

Pour l'amour de ta beauté
J'aurais donné ma vie,
Et mon cœur eût accepté
La honte et l'infamie.
Ma puissante volonté
A tout jamais nous lie!

Il veut la saisir et l'entraîner.

SITA, énergiquement.

Je ne te suivrai pas!

SCINDIA, avec menace.

Ce que j'ai résolu
Peut s'accomplir malgré tes pleurs et ta prière.
Prends garde!

SITA, révoltée.

Ah! je te hais, je brave ta colère!

SCINDIA, il s'arrête, puis avec fureur.

Je me vengerai donc et tu l'auras voulu !

S'élançant vers le tympan de bronze, il le frappe avec violence. — A
ce signal, paraissent bientôt Timour, les prêtres, les serviteurs du
temple et la foule, envahissant la scène de toutes parts.

SITA, pendant l'entrée du chœur.

Ah! que veut-il?.. quel danger me menace!..

SCÈNE III

Les Mêmes, TIMOUR, Prêtres, Peuple,
Serviteurs du temple.

LE CHŒUR.

Le bronze a vibré dans l'espace,
Son formidable appel
Nous rassemble au pied de l'autel!

Pendant ce chœur, jeu de scène de Scindia. — Haletant, comme brisé par
sa propre violence, il montre d'un geste rapide Sita à Timour.

TIMOUR, après un mouvement d'indignation vers Sita

Prêtres, écoutez tous; regardez cette femme :
D'un sacrilége, d'un infâme
Elle a partagé l'amour odieux.
Prêtresse, elle a trahi ses vœux,
Vierge, elle a profané son âme;
J'appelle sur son front la vengeance des dieux

LE CHŒUR, auquel se joint SCINDIA.

A mort! à mort! D'un infâme
Elle a partagé l'amour odieux,

Vierge, elle a profané son âme ;
Prêtresse, elle a trahi ses vœux ;
A mort !

SITA, aux pieds de Timour.

O Timour, tu me crois coupable
Et me refuses ta pitié,
Aux dieux j'ai tout sacrifié
Et c'est en leur nom qu'on m'accable !
Je leur ai voué sans retour,
En sa pureté virginale,
Toute cette beauté fatale
Par qui je succombe en ce jour.
Si je dois rester sans défense,
Si je dois prier vainement,
Au moins épargne-moi l'offense
De douter de mon innocence.
Je n'ai pas trahi mon serment !

A ce moment, s'élève des profondeurs du temple la voix des prêtresses commençant la prière du soir.

SCINDIA et SITA, ensemble, avec une impression différente.

La prière !

VOIX LOINTAINES DES PRÊTRESSES.

Voici la nuit !... Mes sœurs, prions.
Les étoiles sur nous versent leurs blancs rayons,
Indra, maître du ciel, Indra, nous t'adorons !

SCINDIA, se souvenant.

Le signal !

A Sita.

Eh bien ! si tu n'es pas sacrilége,
Si le dieu du ciel te protége,
Incline-toi donc devant lui !

SITA, à part.

Que dit-il?

SCINDIA.

Dans le sanctuaire,
Que ta voix s'élève encore aujourd'hui,
Et réponde à cette prière!

SITA, avec effroi.

Cette prière!.. en ce moment!
Ah! Scindia, que veux-tu faire?

SCINDIA, avec cruauté.

Connaître et punir ton amant.

Impérieusement.

A genoux! obéis et prie!

TIMOUR et LE CHŒUR.

A genoux! obéis et prie!

SITA.

Non!.. Frappez-moi; prenez ma vie.
Mais je ne le trahirai pas
Celui dont le ciel et la terre
Respectant l'étrange mystère
Toujours ont protégé les pas!

TIMOUR, SCINDIA et LE CHŒUR, durement.

A genoux! obéis et prie.

SITA.

Non! Frappez-moi, prenez ma vie.
Mais je ne le trahirai pas!

Le chœur répète avec violence ses cris: « A mort! A mort! »

Au moment où Sita épouvantée tombe à genoux, Alim, suivi de Kaled,
paraît sur les marches de l'autel. — Il a pénétré dans le temple par la
porte secrète, qui s'est aussitôt refermée.

SCÈNE IV

LES MÊMES, ALIM, KALED.

ALIM, avec force et autorité.

Non! Sitâ m'appartient !.. qu'elle vive !

TOUS.

Le roi !

C'était le roi !..

SITA, à part, très-émue.

C'était le roi !

Calme et souriant, le roi marche vers Sitâ, au milieu de la stupeur générale. On s'écarte respectueusement sur son passage. Seul, Sciadia a fait un mouvement violent promptement réprimé.

ALIM, avec charme, à Sitâ.

Viens, je ne serai pas ton maître.
Je veux attendre, résigné,
Que ton cœur innocent apprenne à le connaître
Cet amour jusqu'ici peut-être dédaigné!

ENSEMBLE

SITA.

Ah !.. je vous écoute, et mon âme
S'emplit d'un indicible émoi :
Vous parlez d'obéir à la voix d'une femme,
Vous parlez d'obéir et vous êtes le roi !

KALED, près d'eux.

O Sitâ, relève la tête,
Que ton esprit soit rassuré.
L'avenir s'offre à toi comme une longue fête,
Laisse l'amour fleurir en ton cœur enivré.

SCINDIA.

O cruelle impuissance !
Son amant, c'est le roi !
Il faut donc en sa présence,
Il faut me soumettre à sa loi !

TIMOUR.

Ah! sa seule présence
Vient désarmer ma loi.

LES PRÊTRES et LA FOULE, avec Timour.

Toute humaine puissance
Cède devant le roi!

SITA, à part.

Leur terrible sentence
Me remplissait d'effroi!
Il me rend l'existence;
Mais, hélas! il est roi!

ALIM, à Scindia, lui montrant les prêtres

Si la seule innocence
Ne désarme leur loi,
Cette injuste sentence
Doit fléchir devant moi,

KALED.

Leur injuste sentence
Fléchit devant le roi.

LES PRÊTRES, au roi.

Ah! ta seule présence
Désarme notre loi!

SCINDIA, avec rage.

O cruelle impuissance!
C'est le roi! c'est le roi!

Après cette scène d'ensemble, Timour s'avance vers Alim.

TIMOUR.

Roi, l'amour profanant cette enceinte bénie,
Ce temple toujours respecté,
Cet amour est un crime et Dieu veut qu'on l'expie.

ALIM, simplement.

Parle! tu seras écouté.

TIMOUR

Au nom de Mohamed, qu'il nomme le Prophète,
Le sultan Mahmoud vient pour combattre nos dieux,
Ses soldats si ta main, seigneur, ne les arrête.
Vont chasser jusqu'ici nos peuples devant eux.

Eh bien, rassemble ton armée,
Marche vers le désert de Thol,
Et que, devant tes pas, ainsi qu'une fumée
S'efface l'ennemi menaçant notre sol.

ALIM, fièrement.

Je n'ai pas attendu ta parole, ô mon père,
Pour rassembler mes cavaliers.
Comme votre salut, ma gloire encor m'est chère.
Demain mes bataillons partiront par milliers,
Demain mes étendards flotteront dans la plaine.

A Sità, doucement.

Me suivras-tu, Sità?

SITA.

Vous êtes mon maître.

SCINDIA, sombre, les regardant. — A part.

Il mourra!

ALIM, après un temps, à Timour.

Que ta main me bénisse et qu'Indra me soutienne!

Il fléchit le genou devant Timour qui étend la main sur son front.

SCINDIA, à part, avec un profond sentiment de haine.

Ton jour est proche, Alim, car je t'ai condamné !
Sitâ m'appartiendra.

TIMOUR, relevant le roi.

Vas et sois pardonné !

ENSEMBLE FINAL.

Reprise du motif. — Tableau.

ACTE DEUXIÈME

Campement d'Alim, dans le désert de Thôl. — Plaine sablonneuse et sec. — Horizon immense. — Ciel enflammé. — Déclin du jour, au commencement de l'acte. — A la fin, pleine nuit.
A gauche et à droite, tentes du roi, tentes de Sitâ et de ses femmes. — Tapis et coussins à l'entrée des tentes.

SCÈNE PREMIÈRE

SITA, KALED, Soldats, Femmes, etc.

Des soldats veillent au fond. — D'autres, accroupis à gauche et pittoresquement groupés, jouent aux échecs. De petites esclaves persanes dansent pour divertir les chefs. — Kaled est au fond, regardant vers la plaine.

SITA, sortant de sa tente, à Kaled, avec inquiétude, en désignant le désert.

Écoute!.. Les rumeurs de l'ardente mêlée
Éclatent au loin sous les cieux !..

KALED, avec confiance.

Oui... l'armée ennemie est encor refoulée,
Alim va revenir toujours victorieux !

SOLDATS, jouant aux échecs, et CHŒUR, autour d'eux.

Échec au roi blanc !.. Le combat s'engage !..
Bataille !.. Le roi noir se conduit bravement,

Comme là-bas Mahmoud contre Alim !.. Bon ! courage !
Échec !.. mat, le roi blanc !

Ils se lèvent en renversant les pièces.

SITA, *qui est allée vers eux et a assisté pensive à cette scène — A Kaled.*

Ah ! funeste présage !

KALED.

Pourquoi ce pressentiment ?

Sita congédie d'un geste les danseuses. Les soldats s'éloignent, sauf les gardes du fond.

SCÈNE II

SITA, KALED.

SITA.

Écoute encor !..

KALED.

Oui ! des cris de victoire !

SITA.

Je veux espérer, je veux croire !
Alim va venir... Alim est vainqueur !

Triste et découragée.

Mais dans ce désert où nous sommes,
Dans ces lieux inconnus, en péril, loin des hommes,
Malgré moi frissonne mon cœur !

KALED, *avec douceur.*

Le soir vient, la brise pure
Berce des nuages d'or,
Tout repose en la nature,
Tout s'apaise, tout s'endort.
Caressant la terre, lasse
Des longues ardeurs du jour

Sur la plaine une ombre passe
Avec des frissons d'amour.
Toute rumeur s'est éteinte,
Là-bas, on ne combat plus!
O Sitâ, calme ta crainte,
Les dieux nous ont entendus.

SITA, rassurée, avec Kaled.

Toute rumeur s'est éteinte,
Là-bas on ne combat plus!

A elle-même.

Il va connaître enfin cette douce pensée
Chèrement caressée,
Que lui dérobait ma pudeur.
Heure délicieuse,
Ton ivresse remplit mon cœur,
Je te bénis, je suis heureuse.

Reprise de l'ensemble avec Kaled. — Puis Sitâ se retire. — A l'entrée
de sa tente, elle s'arrête un instant:

Je suis heureuse!

Elle entre dans la tente, dont les draperies retombent.

Kaled s'étend sur les tapis devant la tente d'Alim.

SCÈNE III

SOLDATS, FEMMES, ESCLAVES, puis SCINDIA,
et les CHEFS.

La scène demeure vide. Le jour baisse.
Après un temps, sonnerie de trompettes et rumeurs lointaines. — Les soldats
qui gardent le camp se lèvent et vont au fond, observer, écouter. — Nou-
velles rumeurs. Un groupe de soldats entre et se joint au premier groupe.

Même jeu. — La scène se remplit d'autres soldats, d'esclaves, qui arrivent avec précipitation et questionnent les deux premiers groupes. Des fuyards, soldats de l'armée d'Alim vaincue, envahissent le théâtre dans le plus grand désordre, Kaled se lève.

CHŒUR, rapide et haletant.

Défaite
Complète !
Tout cède, tout fuit !
Avide,
Rapide,
La mort nous poursuit.
La plaine
Est pleine
De noirs bataillons ;
Lahore
Encore
Nous reste, fuyons !

Entrée de Scindia suivi des prin ipaux chefs.

SCÈNE IV

LES MÊMES, SCINDIA.

SCINDIA, avec fermeté.

Soldats, le roi succombe. — Tout l'accable,
Il est mourant !..

Les soldats, de l'un à l'autre, se répètent les paroles de Scindia.

Une main implacable
L'a frappé par trois fois ; oui, son règne est fini.
D'un sacrilége amour les dieux l'auront puni !

Ne le servez pas davantage,
Les dieux vous puniraient aussi,
Et dans quelque immense carnage

Aux coups d'une horde sauvage
Ils vous jetteraient sans merci.

Vos chefs ont invoqué mon secours. — Me voici !
Aux chefs.
Ah ! je vous sauverai... je vous le dis encore.
M'obéirez-vous tous !

LE CHŒUR.

Oui, tous, nous le jurons.
Ici, comme à Lahore,
A toi seul nous obéirons !

SCINDIA.

Calmez-vous. — Prudemment préparez la retraite.
Dès que la nuit viendra, soldats, nous partirons.
Impuissants à lutter après cette défaite,
A la mort du moins nous échapperons.

ENSEMBLE.

Avant la prochaine aurore,
Pour le départ que tout soit prêt ;
Vainement le roi voudrait
Avec nous combattre encore.
A Lahore !
Mort à qui résisterait !

*Pendant cette scène, Kaled a écouté avec douleur les paroles de Scindia,
puis il s'est fait jour à travers les groupes et s'est précipité hors du
camp.*

*Paraît Alim, pâle, blessé, se soutenant à peine. D'autres soldats le suivent. —
Mouvement. — Silence.*

SCÈNE V

LES MÊMES, ALIM.

ALIM, avec indignation.
On parle de partir !.. On ose

Commander ici... moi vivant!

Lâches, qui désertez ma cause,
Regardez-moi. — J'ai prodigué mon sang
Pour assurer votre fuite si prompte,
Je suis blessé, mais je reste debout
Et je veux lutter jusqu'au bout.
Ah! plutôt la mort que la honte!

LES SOLDATS, *chœur accompagnant la suite de la phrase d'Alim.*

O roi, nous sommes condamnés.
Des hommes et du ciel contre nous déchaînés
Ta valeur n'a pu nous défendre!

ALIM.

Quel ténébreux complot a pu vous entraîner?
De l'avilissement où vous allez descendre
Vers mon but glorieux je vous dois ramener.

LES SOLDATS.

Non!

ALIM.

Misérables!..

LES SOLDATS.

A Lahore!
Avant la prochaine aurore,
Pour le départ que tout soit prêt.
A Lahore!
Mort à qui résisterait.

*Alim veut s'élancer vers eux; ses forces le trahissent.
Kaled reparaît. — Il veut courir vers le roi; sur un geste de Scindia
des soldats l'arrêtent et l'entraînent loin de la scène.*

LES SOLDATS, *entourant le roi.* CHŒUR, *farouche et ironique.*

Roi, quand la mort t'a touché de son aile
Et qu'elle désarme ton bras,
Va, si tu peux, te défendre contre elle;
Mais n'appelle plus tes soldats!

SCINDIA, près de lui, d'une voix haineuse.

Ta royauté n'est plus qu'une ombre vaine
Et mon pouvoir succède au tien.
Si tu tombes, c'est par ma haine,
Car je te hais, sache-le bien !

ALIM.

Ah ! qu'entends-je !

SCINDIA.

Tu m'as ravi Sitâ que j'aime !
J'ai fait taire longtemps mon orgueil outragé,
Mais le jour est venu du châtiment suprème.

ALIM.

Il l'aimait !

SCINDIA.

Meurs, Alim, je suis vengé.

ALIM, avec une fureur désespérée.

Je comprends ! c'est à toi que je dois ma défaite...
Celui qui m'a frappé, c'est toi !..
Traître ! meurtrier !

Le désignant aux soldats.

Qu'on l'arrête !

Morne silence des chefs. — Alim se traine de l'un à l'autre. — Très-
troublé.

Quoi ?.. pas un n'obéit aux ordres de son roi ?

SCINDIA, à Alim, froidement.

Ne résiste plus. — L'œuvre est faite !

LES SOLDATS.

La main des dieux pèse sur toi !

ALIM, terrassé.

La main des dieux pèse sur moi !

Il tombe sur les coussins à l'entrée de la tente.

2.

LE CHŒUR.

Roi, quand la mort t'a touché de son aile
    Et qu'elle désarme ton bras,
Va, si tu peux, te défendre contre elle,
    Mais n'appelle plus tes soldats !

Tous s'éloignent. Alim fait un dernier effort pour les arrêter et retombe évanoui. Pendant le chœur précédent, Sità a paru à l'entrée de sa tente. — Pâle, terrifiée, défaillante, elle ne peut aller vers Alim. Au moment où les soldats disparaissent, elle triomphe à peine de sa terreur ; elle se redresse enfin et court vers le roi, toujours sans connaissance.

SCÈNE VI

ALIM, SITA.

SITA, *accablée.*

Seule ! Je reste seule à ce moment suprême.

Avec une résolution sublime.

Eh bien ! à ton salut, seule je suffirai.

ALIM, *vaguement.*

Sita, ta voix me parle...

SITA, *avec tendresse.*

            Oui, je suis là, je t'aime
    Et je te sauverai !

ALIM, *comme dans un rêve.*

Tu m'aimes !..

Elle l'aide à se soulever ; il la regarde avec extase.

            Cet aveu dont mon cœur est avide,
Ah ! je l'entends enfin pour la première fois.
    Je ne rêve pas... je te vois !
    Enfant, que ta lèvre timide
    Me le répète encor, ce mot tant espéré !..

SITA.

Alim ! Alim ! je t'aime et je te sauverai !

ALIM, *doucement, tristement.*

sauver!.. me sauver! Il est trop tard; oublie
l'ivresse promise et l'avenir si doux.
Éloigne-toi. C'est assez de ma vie
Pour apaiser les dieux jaloux.

SITA, *avec passion.*

Ah! que je porte aussi le poids de leur vengeance!
Qu'ils frappent; je suis forte et je ne crains plus rien!

Oui, je bénis la souffrance
Quand mon cœur est près du tien!

ALIM.

Moi, je maudis ma puissance
Qui lia ton sort au mien.

SITA.

Ah! je t'aime, je demeure,
Du sort acceptons la loi.

ALIM.

Le ciel me frappe, à cette heure
Où ton cœur se donne à moi.

ENSEMBLE.

Restons unis; que je meure
Près de toi!

Après cet ensemble, des cris s'élèvent dans le camp : A Lahore! A La-
hore! A ces cris se mêlent des appels lointains de trompettes et le
roulement des tambours. Les cris se rapprochent. La nuit est venue pen-
dant la fin de l'ensemble précédent. — Le ciel est orageux et de plus en
plus sombre. — Au milieu des cris et des sonneries de trompettes on en-
tend les sourds grondements du tonnerre.

ALIM, *frappé et répétant machinalement les mots qu'il entend au loin.*

A Lahore!

Avec égarement.

Je veux les arrêter... les suivre!..

L'armée !.. ô trahison infâme !.. Ils s'en vont.

Ah !

Il veut se précipiter au dehors.

Je ne puis plus !..

Avec un cri déchirant.

Sitâ !.. je suis maudit !

Sitâ !

SITA.

Soutenant Alim chancelant.

Espère encor !

ALIM.

Hélas! Adieu !

Essayant d'éloigner Sitâ, d'une voix expirante,

Va... tu dois vivre !

Il tombe. Sitâ se jette sur son corps

SITA.

Alim !

Avec désespoir.

Mort! il est mort !

SCÈNE VII

LES MÊMES, SCINDIA, CHEFS, SOLDATS.

SCINDIA, *paraissant sur le dernier cri de Sitâ.*

Je suis roi !

SITA, *se relevant et reculant avec horreur à la vue de Scindia que suivent les chefs.*

Scindia !

Au fond, désordre pittoresque de l'armée commençant sa retraite. Soldats avec des torches, etc. — En scène, Sitâ éperdue au milieu de la suite de Scindia. — On s'empare d'elle. — Tableau.

ACTE TROISIEME

Le jardin des bienheureux dans le paradis d'Indra, sur la montagne de Mérou.—
Végétation magnifique. — Lumière intense.

———

SCÈNE PREMIÈRE

INDRA et LES DIVINITÉS SECONDAIRES,
LES AMES HEUREUSES DES ROIS ET DES HOMMES
LES APSARAS (HOURIS DU PARADIS D'INDRA.)

CHŒUR.

Tout rayonne! tout s'éclaire!
Libres du lien mortel
Nous planons dans la lumière,
Oubliant la vie amère
Pour les délices du ciel.

Sans jamais ternir l'aurore
Qui brille sur notre front,
Mille siècles passeront
Et mille siècles encore!

Dans ces jardins enchantés,
Notre éternelle jeunesse
Voit sourire à son ivresse
D'éternelles voluptés !

DIVERTISSEMENT

I et II. — Danses des Apôtres pendant le chœur.

III et IV. — Les Apôtres et les âmes heureuses se cherchent, s'appellent et jouent parmi les fleurs. — APSARTE.

V. — Danse (Mouvement de valse).

VI. — Épisode. — Le jeune dieu Karola se livre au milieu de l'assemblée. — Au son de sa flûte, il charme et attire les âmes.

VII, VIII, IX et X. — Variations sur la mélodie hindoue de Karola.

XI. — Ensemble final.

Indra se livre. — Tous s'inclinent devant lui, attendant sa parole.

SCÈNE II

LES MÊMES, INDRA, puis ALIM.

INDRA.

Quel est celui qui vient? son front pâle s'incline
Comme si dédaignant la volupté divine
Il regrettait ici les misères d'en bas.

Paraît Alim. — Il marche lentement et tristement, au milieu de la foule brillante. — Indra s'avance vers lui.

INDRA, à Alim, en scène.

Homme qui donc es-tu, toi qui ne souris pas ?

ALIM.

Hier, je comptais dans la vie,
Parmi les grands et les heureux ;
J'étais de ces rois qu'on envie,
Mon âme doucement ravie
Se berçait d'un rêve amoureux.

INDRA.

Espère en la vie immortelle !

ALIM, se prosternant aux pieds d'Indra, puis avec éclat.

Souverain du ciel, écoute mes vœux !
Rends-moi celle que j'aime.

INDRA, calme et grave.

Son jour n'est pas venu.

ALIM.

Mais la mort elle-même
T'obéit, roi du ciel, et je puis être heureux.

Avec une ardeur suppliante.

Indra, redonne-moi la vie.
De l'amour de Sitâ, au destin que j'envie
Laisse encor s'enivrer mon cœur.

Ah ! dix siècles d'enfer pour une autre existence !
Dix siècles de souffrance
Pour un jour de bonheur !

INDRA.

Dix siècles de tourments pour une vie humaine !....
Insensé !
Va, cependant, tu seras exaucé.
Les dieux ont pitié de ta peine :
Tu vivras.

ALIM.

O Dieu bon!

INDRA.

Tu ne seras plus roi
Parmi ceux qui tremblaient naguères devant toi,
Humble, tu t'en iras, sous des habits de laine,
Et mon seul pouvoir te protégera.
Que Sitâ soit parjure ou qu'elle soit fidèle,
Un commun destin vous enchaînera,
Et quand elle mourra, tu mourras avec elle.
Ne redoutes-tu pas cette épreuve aujourd'hui?

ALIM.

Non! je suis prêt!

ENSEMBLE

INDRA, puis LES DIVINITÉS et LES CHŒURS CÉLESTES.
Incantation.

Qu'il soit lui, qu'il ne soit plus lui!
Qu'il dorme dans la tombe et marche sur la terre!
Que son âme immortelle ait un corps de poussière!
Qu'elle prenne encore une voix!
Qu'il aille vivre, aimer, souffrir, jusqu'à cette heure
Où celle qui le pleure
Subira de la mort les éternelles lois.

ALIM, pendant l'incantation.

Vivre!.. aimer!.. souffrir!.. lier à sa vie
Un nouveau destin!
O douce promesse! ô bien que j'envie!
O bonheur divin!..

Alim semble s'endormir au milieu des Aspâras et des Divinités qui l'entourent.

Tableau.

ACTE QUATRIÈME

Lahore. — Grande place. — Au fond, la ville. — A droite, le palais des rois. —
Alim est endormi sur les marches. Il est vêtu comme un homme du peuple.
Premières clartés de matin.

SCÈNE PREMIÈRE

ALIM, CHŒUR INVISIBLE, puis QUELQUES CHEFS.

CHŒUR INVISIBLE.

Paroles de l'INCANTATION répétées par des voix célestes. — Pendant le chœur
Alim s'éveille, écoute, se lève, et vient en scène.

ALIM, comme extasié.

Voix qui me remplissez d'une ineffable ivresse,
Voix qui parlez du ciel à mon cœur éperdu,
Ah! je comprends enfin la divine promesse :
Je revois mon palais, je vis, tout m'est rendu!

Avec égarement.

Mon palais!.. Qu'ai-je dit?

A ce moment, quelques officiers sortent du palais. — Alim se tient à
distance et les observe.

UN DES OFFICIERS, à ses compagnons.

Durant la nuit dernière
Scindia dans le temple a veillé saintement.

3

Il revient, acclamé ; la ville tout entière
Applaudit aux splendeurs de son couronnement.
Allons le recevoir !

ALIM.

Ah ! le traître, à cette heure,
Plus que moi redouté,
Est maître de cette demeure,
L'usurpateur par le peuple est fêté !

Mais elle !... O Sitâ bien-aimée,
Alim ne règne plus, ton maître a pu mourir.
Qu'importe que d'un roi la tombe soit fermée !
Ton amant seul revient pour te reconquérir !

Ah ! dans la nuit, la nuit fatale
Où j'expirais, seul, impuissant,
Je te revois, tremblante et pâle
Mêlant tes larmes à mon sang.

O désespoir ! ta voix amie
Murmurait un pudique aveu
Quand de ma lèvre inassouvie,
Dans un soupir d'amour, un éternel adieu
Allait s'enfuir, avec ma vie !

Et je mourais, désespéré !
Sous la clarté du ciel immense
Je t'appelais dans le silence.
Le ciel semblait désert à mon cœur déchiré.

Mais, j'ai retrouvé l'espérance,
Un jour plus radieux commence
Pour notre amour transfiguré.

Il se précipite dans le palais. — A ce moment on entend les cris de la foule
annonçant l'arrivée de Scindia. — Fanfares. — Le peuple envahit la
place. — Rentrée du cortège.

SCÈNE II

SCINDIA, TIMOUR, Prêtres, Représentants de toutes les Castes, Soldats, Esclaves, Prêtresses, Bayadères, Peuple, Suite de Scindia.

CORTÉGE — MARCHE.

CHŒUR GÉNÉRAL, pendant le cortége.

O roi des rois de la terre,
Tous, le front dans la poussière
Proclament ta majesté!

Scindia et sa suite s'avancent au milieu de la foule prosternée.

SCINDIA, en scène.

Aux troupes du sultan qui menaçaient Lahore,
La royale cité,
Notre puissance est redoutable encore!
Comme si les chassait quelque invisible main,
Elles ont du désert regagné le chemin.

Le peuple est rassuré; c'est mon nom qu'il acclame,
Le calme est rentré dans mon âme,
Et je puis être heureux enfin.

A lui-même.

O Sitâ, rêve de ma vie,
Promesse de mon avenir,
O beauté qui me fus ravie,
Enfin, tu vas m'appartenir!
Laisse en leur retraite profonde,
Tes compagnes servir les dieux,
Viens sourire aux splendeurs du monde,

Viens charmer mon cœur amoureux!

Scindia se dirige vers le palais. — Au même instant, Alim, cherc..., r les gardes de l'intérieur, reparait sur le seuil du palais et se trouve en face de Scindia. — Trouble et stupeur de la foule. — Le cortège s'arrête.

SCÉNE III

LES MÊMES, ALIM.

ALIM, *avec un cri.*

Scindia!

SCINDIA, *frappé.*

Dieux vengeurs!

TIMOUR, LES PRÊTRES, LES SOLDATS, LA FOULE.

ENSEMBLE

O prodige! ô mystère!
Il a les traits d'Alim, son regard et sa voix!
Est-ce un spectre... ou la terre
Nous rend-elle vivant le dernier de nos rois?

SCINDIA.

O terrible mystère!
Et pourtant j'ai frappé, j'ai vu mourir le roi!
Est-ce donc que la terre,
Comme un spectre vengeur le place devant moi?

ALIM, *à Scindia troublé.*

Scindia, tu pourrais redouter ma présence,
Car je te parle au nom de celui qui n'est plus,
Tu lui pris lâchement le trône et la puissance;

Il peut te pardonner ce crime et cette offense,
Mais rends-lui le plus cher des biens qu'il a perdus.

Avec éclat.

C'est l'amour de Sitâ que je te redemande!

SCINDIA, *avec fureur.*

Sitâ!

TOUS.

Que dit-il? son audace est grande!

SCINDIA.

Saisissez l'imposteur!

ALIM.

Ah! je brave la mort!
Soldats, je ne crains pas votre inutile effort!

Les soldats reculent devant le geste souverain d'Alim.

Quelqu'un de vous peut-il encor me méconnaître?
Je suis Alim, votre roi!

ENSEMBLE

LA FOULE.

Il est fou!

TIMOUR, *puis les prêtres.*

C'est un Dieu qui l'inspire peut-être!

LA FOULE.

Il est fou!

SCINDIA, *complétement hors de lui, à Timour.*

Je te le dis, prêtre,
Je veux qu'il meure. Obéis-moi!..
Je suis le roi! je suis le maître!..

Obéis! obéis! Ma voix l'a condamné!
Ne le dérobe pas à ma juste colère,

3*

Cède au droit souverain que les chefs m'ont donné,
Cet homme est un danger, puisqu'il est un mystère;
Que les dieux soient en lui, que leur esprit l'éclaire,
Que m'importe! obéis! ma voix l'a condamné.

TIMOUR, et LE CHŒUR, regardant Alim avec une
respectueuse crainte.

Sois clément! sois clément. C'est un illuminé!
Détourne de son front le poids de ta colère;
Au seuil de ton palais, par le sort amené,
Cet homme porte en lui quelque imposant mystère,
C'est un Dieu qui l'inspire et le ciel qui l'éclaire,
Qu'il soit libre! Il le faut! c'est un illuminé!

ALIM.

Soumets-toi! soumets-toi! les dieux ont ordonné!
Sitâ ne t'aime pas et vaine est ta colère!

Avec foi.

Oh! le ciel est pour moi, l'esprit d'en haut m'éclaire,
Soumets-toi! soumets-toi! les dieux ont ordonné.

TIMOUR, à Scindia, avec autorité, après l'ensemble.

Roi, cet homme t'a dit la volonté divine :
Il réclame Sitâ, car Dieu nous la destine,
C'est un illuminé!

CRIS DE LA FOULE, au loin.

Voici la reine!..

SCINDIA, avec un sourire triomphant et dédaigneux, à Timour,
pour toute réponse.

Voici la reine!

ALIM, comprenant tout.

Ah! dieux!

Il veut s'élancer, les gardes, sur un dernier geste de Scindia, se disposent à
s'emparer de lui.

TIMOUR, s'interposant, à Alim.

Viens!.. je te sauverai!

Il le pousse parmi les prêtres, fait un signe. — Les prêtres l'entourent et le dérobent aux soldats. — A ce moment, paraît le palanquin de Sitâ, escorté de femmes et de gardes. — Le peuple, les soldats et Sciadin se portent au devant de Sitâ. — Les prêtres et Timour, ainsi qu'Alim, forment un groupe isolé à droite.

ALIM, pendant le passage de Sitâ.

Reine? Parjure? Infâme!.. Ah! je la reverrai.

3**

ACTE CINQUIÈME

Le sanctuaire d'Indra. — Même décor qu'au deuxième tableau du premier acte, vu sous un autre aspect. — La statue colossale dû dieu rayonne dans l'ombre. —

SCÈNE PREMIÈRE

SITA, *elle entre précipitamment, s'arrête un instant haletante et écoute. — Après un temps.*

J'ai fui la chambre nuptiale,
Sans doute Scindia m'appelle en ce moment,
En menaces de mort sa colère s'exhale;
Ah! je crains son amour plus que son châtiment.

De sa pitié que puis-je encore attendre?
Un seul homme devait contre lui me défendre :
Il a bravé Timour! rien ne l'arrêtera.
Il me fera poursuivre ici, mais que m'importe!
Vainement ses soldats franchiront cette porte,
La mort est un refuge où nul ne m'atteindra!

Oui, l'heure est venue où, lasse de vivre,
Apaisant mon cœur d'amour consumé,
Je pourrai te suivre,
O mon bien-aimé!

De ma douleur que la mort me délivre!
Adieu donc, ô cruel passé!
O mort, ta volupté m'enivre,
Tu me rendras l'amour, l'amour trop tôt brisé.

Vers la statue d'Indra.

Témoin de mon chaste délire,
Confident de mes premiers vœux,
Image du Dieu bon dont les traits radieux
Dans l'ombre semblent me sourire,
J'ai voulu revenir expirer sous tes yeux.

Avec une exaltation croissante.

Reçois mon âme, Dieu!

Que la mort me délivre.

Apaisant mon cœur d'amour consumé
Oui, je vais te suivre,
O mon bien-aimé!

Elle va se frapper. — A ce moment viennent des profondeurs du temple des voix disant la prière du soir déjà entendue au premier acte — Sitâ s'arrête.

La prière!.. Ah! parfums de la saison lointaine!
Ah! souvenir charmant de mes heures d'espoir!
Oui, vous me revenez quand va finir ma peine.

Rêveuse.

Aux premières ombres du soir,
Quand je chantais ainsi je le voyais paraître,

Pendant que la prière continue au loin.

Il parlait... un frisson agitait tout mon être!..

. . . .

Jamais sa main n'osa toucher ma main!..
Souriant, il passait en murmurant : demain!

La prière a cessé. — Alim, sous le vêtement blanc des prêtres d'Indra, vient lentement en scène. — Un rayon de lune lui montre bientôt une

forme immobile au pied de l'autel. — Il vient vers elle. — Il
reconnaît Sitâ. — Jeu de scène. — Sitâ, haletante, comme foudroyée;
puis courant vers Alim avec un cri déchirant.

SCÈNE II

ALIM, SITA.

ALIM.

Sitâ!.. c'est elle!..

SITA.

Alim!.. vivant!.. je suis sauvée!..

Elle se jette dans ses bras.

ALIM.

Je te possède enfin!.. c'est l'ivresse rêvée.

SITA, *défaillante.*

Alim!..

ALIM, *doucement.*

Reconnais-moi,
Chère âme!.. reviens à toi.

SITA, *relevant doucement la tête.*

Ce n'est point un mensonge!
Vivant! il est vivant!
Je croyais faire un songe,
Un songe décevant,
Non! son visage étincelle!
Et sur mon front ses lèvres ont frémi!
Une espérance nouvelle
Luit dans son regard ami!

ALIM.

Oui, je t'aime! je t'aime!

SITA.

Ah! quelle main puissante,
Toi, sur qui je pleurais, te sauva de la mort!

ALIM, radieux.

Ne songeons qu'à l'heure présente
Je vis! tu m'es rendue et je bénis le sort.
Viens!..

*Au moment où Alim entraîne Sitâ, des bruits de pas et de voix se font en-
tendre de tous côtés, et des lueurs de torches apparaissent à toutes les
issues.*

ALIM, s'arrêtant.

Ces lueurs!.. ces bruits menaçants!

SITA.

Malheureuse!
J'oubliais... Scindia! nous sommes perdus!

ALIM.

Ah!..
Que dis-tu? — Non, voici la route ténébreuse
Qui m'amenait vers toi. — Viens, fuyons!

*Ils s'élancent vers le passage. — Sur le seuil apparaît tout à coup Scindâ
le visage menaçant.*

ALIM et SITA, reculant.

Scindia!

SCÈNE III

LES MÊMES, SCINDIA.

SCINDIA.

Lui!.. cet homme!.. avec elle!

SITA, résolûment.

Ah! tais-toi, misérable!
Ne lève pas sur nous tes mains pleines de sang,
Cet homme, c'est ton roi. — Demeure obéissant,
Implore le pardon d'un vengeur redoutable!

ALIM.

Obéis, Scindia!

SCINDIA, avec une ironie terrible.

T'obéir?.. Insensés!
Quand la force est pour moi, c'est vous qui menacez!

S'avançant vers Sitâ.

A mon pouvoir je vais pour toujours te soumettre

ALIM.

Lâche! oseras-tu donc!..

Courant aux issues.

Ah!.. partout des soldats!
Partout la mort pour elle!..

SCINDIA, près de saisir Sitâ.

Oui, je suis le seul maître!..
A moi, soldats!

SITA, avec exaltation.

Non, traître!
Je ne t'appartiendrai pas!..

Elle se frappe et jette son arme.

ALIM.

Sitâ! Dieux!.. qu'as-tu fait!..

Il chancelle, comme frappé du même coup que Sitâ. — Ils marchent en se
tendant les bras, l'un vers l'autre.

SCINDIA.

Fatalité cruelle!..

Soudainement vers Alim.

Je saurai me venger!..

ALIM, *soutenant Sità et bravant Scindia.*

Ah! je meurs de sa mort!
Tu ne peux rien sur nous... Et je triomphe encor!..
Car les dieux bienfaisants me frappent avec elle!

SCINDIA, *sous l'impression d'une terreur religieuse.*

Je sens planer sur eux la puissance éternelle!

ENSEMBLE

ALIM et SITA, *avec exaltation, se tenant embrassés.*

Tu m'appartiens!.. je t'aime et je bénis le sort!

SCINDIA.

Ils triomphent encor!
Ah! je maudis mon sort!..
Sità! Sità! je l'aime!
Je l'aime et c'est par moi qu'elle succombe, hélas!
Ils sont heureux ; la mort même
Ne les sépare pas!

ALIM et SITA.

Que cette dernière heure
Ne nous sépare pas!
Restons unis ; que je meure...
Que je meure dans tes bras!

Sur l'effet final de l'ensemble, la nuit s'illumine, le sanctuaire s'ouvre au
fond. — Vision de paradis, avec Indra, les dieux, les bienheureux as-
semblés. — Musique céleste. — Alim et Sità, faiblissant peu à peu
tombent à genoux et toujours embrassés. Scindia les contemple avec
une émotion profonde.

SITA et ALIM, expirants, dans une sorte d'extase.

Une splendeur nouvelle
A nos yeux se révèle
Et nous entrons, joyeux, dans la gloire d'Indra !

Leurs corps fléchissent et doucement ils tombent ensemble, morts, devant les marches de l'autel.

SCINDIA.

Ah ! mon œuvre est infâme et Dieu me frappera !

Il se prosterne, le visage voilé de ses mains.

TABLEAU FINAL

Dans un rayonnement céleste, Alim et Sita transfigurés apparaissent dans le paradis aux pieds d'Indra et des Divinités.

FIN.

Corbeil. — Typ. et stér. Crété.

DERNIÈRES PIÈCES PARUES

www.ingramcontent.com/pod-product-compliance
Lightning Source LLC
LaVergne TN
LVHW022157080426
835511LV00008B/1444